线装国学馆

道德经

春秋 老子 原著

线装国学馆编委会 编

全四卷◎第二卷

中国画报出版社
CHINA PICTORIAL PRESS

线装国学馆

道德经

道德经

道德经

线装国学馆

第三卷

道德经

第六十八章

善为士①者不武，善战者不怒，善胜敌者不与②，善用人者为之下。是谓不争之德，是谓用人，是谓配天，古之极也③。

【注释】

①为士：统率军队。士，士卒。

②与：斗，指对战。

③是谓用人，是谓配天，古之极也：一作『是谓用人之力，是谓配天古之极』。配天，符合天道。

【译文】

善于统率军队的，不逞勇武；善于打仗的，不轻易发怒；善于战胜敌人的，不与敌人对战；善于用人的，对人谦下。这就叫不与人争的品德，这就叫用人，这就叫符合天道，是古代最高的准则。

【解读】

本章阐述如何用兵打仗。

即便是战争，老子也认为要『不争』。『不争』，不是被动挨打，而是不逞强、不暴戾，不正面冲突，善于用人。这种思想与传统兵书有契合之处。

第六十九章

用兵有言：『吾不敢为主而为客①，不敢进寸而退尺。』是谓行无行②，攘无臂③，扔无敌④，执无兵⑤。

祸莫大于轻敌，轻敌几丧吾宝⑥。

故抗兵相若⑦，哀者⑧胜矣。

【注释】

①不敢为主而为客：不敢主动进攻，而采取守势。主，主人。客，客人。

②行无行：有阵型，像没有阵型。行，阵列，指阵型。

③攘无臂：伸出胳膊，好像没有胳膊。

④扔无敌：面对敌人，好像没有敌人。扔，靠近。

⑤执无兵：拿着兵器，好像没有兵器。

⑥宝：一说生命，一说『三宝』，一说法宝。今采前说。

⑦抗兵相若：两军旗鼓相当。抗兵，举兵。相若，相当。

⑧哀者：一说慈悲的，一说悲愤的。今采前说。

【译文】

关于用兵，有这样的话：『我不敢主动进攻，而采取守势；不敢前进一步，而后退一尺。』这就叫有阵型，像没有阵型；伸出胳膊，好像没有胳膊；面对敌人，好像没有敌人；拿着兵器，好像没有兵器。

祸患没有比轻视敌人更大的，轻视敌人几乎丧失了我的生命。

因此，两军旗鼓相当，慈悲的一方总会获得胜利。

【解读】

本章承接上章，继续阐释如何用兵打仗。

老子认为，用兵打仗不应该主动进攻，而要以守为主。『行无行，攘无臂，扔无敌，执无兵』的意思，是指具备军事力量，但不主动表现。这两个方面都是『不争』。『哀者』就是『不争』，就会获胜。主动去争，必然是轻敌；轻敌就会导致失败，丧失生命。这是『不争』的反面。

第七十章

吾言甚易知，甚易行。天下莫能知，莫能行。

言有宗①，事有君②。夫唯无知③，是以不我知④。

知我者希，则⑤我者贵⑥。是以圣人被褐怀玉⑦。

【注释】

①宗：宗旨。

②君：主宰，指根据。一作『主』。

③无知：指别人不理解。一说指自己不理解。

④不我知：即『不知我』，不了解我。

⑤则：法则，指效法。

⑥贵：难得。

⑦被褐怀玉：穿着粗布衣服，怀揣美玉。褐，粗布。

【译文】

我的言论很容易理解，很容易施行。天下却没有人能理解，没有人能践行。

言论有宗旨，行事有根据。正由于不理解这个道理，所以才不理解我。

理解我的人很少，效法我的人难得。所以有道的人穿着粗布衣服，怀揣美玉。

【解读】

本章是老子的感叹。

老子认为，自己提倡的不争、清净、无为等主张，非常容易理解、容易践行，但没有人理解、没有人践行。这说明人们注重虚浮的外在名利。所以老子说『圣人被褐怀玉』。

第七十一章

知不知①，尚②矣。不知知③，病④也。圣人不病，以其病病。夫唯病病，是以不病⑤。

【注释】

①知不知：知道自己有所不知。一说知道却不自以为知道。

②尚：同『上』，优点。一作『上』。

③不知知：不知道却自以为知道。

④病：缺点。

⑤圣人不病，以其病病。夫唯病病，是以不病：一作『夫唯病病，是以不病。圣人不病，以其病病，是以不病』。病病，以病为病。

【译文】

知道自己有所不知，是优点。不知道却自以为知道，是缺点。

有道的人没有缺点，因为他把缺点当作缺点。正因为他把缺点当作缺点，所以没有缺点。

【解读】

本章阐释对待不知的态度。

不知，是常态，但并不是所有人都懂。所以，老子提倡『知不知』。统治者身处高位，有权势，却喜好武力、强权，并不懂它们其实很危险。因此『知不知』也是对统治者的批评。

孔子说：『知之为知之，不知为不知，是知也。』这和老子的观点是一致的，即提倡自知之明。

第七十二章

民不畏威①，则大威②至。

无狎③其所居，无厌④其所生。夫唯不厌，是以不厌⑤。

是以圣人自知不自见⑥，自爱不自贵。故去彼⑦取此⑧。

【注释】

①威：威压，指统治者的压迫。

②威：祸乱。一说指反抗斗争。

③狎：同『狭』，逼迫。

④厌：压，指压榨。

⑤厌：厌恶，指厌恶统治者。

⑥见：同『现』，表现。

⑦彼：指『自见』『自贵』。

⑧此：指『自知』『自爱』。

【译文】

百姓不畏惧统治者的压迫，则大的祸乱就会到来。

不要逼迫他们的居处，不要压榨他们的生活。只有不压迫，他们才不厌恶统治者。

所以，有道的人自己知道，不自我表现；珍惜自己，不自命高贵。因此，要舍弃后者而保持前者。

【解读】

本章对统治者提出警告。

老子鲜明地反对统治者压迫、压榨百姓，因为一旦出现压迫，祸乱就会发生。所以，统治者应该『自知』『自爱』，不要『自见』『自贵』。

第七十三章

勇于敢①则杀②，勇于不敢③则活。此两者，或利或害。天之所恶，孰知其故？是以圣人犹难之④。

天之道，不争而善胜，不言而善应，不召而自来，繟然⑤而善谋。天网恢恢⑥，疏而不失⑦。

【注释】

①敢：勇敢，指坚强。

②杀：杀死，指死。

③不敢：不坚强，指柔弱。

④是以圣人犹难之：此句见于第六十三章。

⑤繟然：舒缓的样子。繟，一作『坦』。

⑥天网恢恢：自然规律如网一般宽广。天，天道。恢恢，宽阔广大的样子。

⑦疏而不失：稀疏但不漏失。失，漏失。

【译文】

勇于坚强就会死，勇于柔弱就会存活。这两种勇，有的有利，有的有害。上天所厌恶的，谁知道是什么缘故？所以有道的人总是把事情看得难。

自然规律是，不争斗而善于取胜，不言语而善于回应，不召唤而自动到来，舒缓而善于谋划。自然规律如网一般宽广，稀疏但不漏失。

【解读】

本章阐释『天之道』，即自然规律。

在老子看来，『天之道』就是柔弱，即『不敢』。选择『不敢』就会存活，选择『敢』就会死。通过两者的对比，说明『天之道』无法违抗，即『天网恢恢，疏而不失』。

第七十四章

民不畏死，奈何以死惧之？若使民常畏死，而为奇①者，吾得而杀之②，孰敢③？常有司杀者④杀。夫代⑤司杀者杀，是谓代大匠⑥斫⑦。夫代大匠斫者，希有不伤其手矣。

【注释】

①为奇：作恶。奇，邪。

②吾得而杀之：我抓住他杀掉。一作『吾得执而杀之』。

③孰敢：即『孰敢为奇』。

④司杀者：掌管杀人的。

⑤代：代替。

⑥大匠：技艺高超的木工。

⑦斫：砍。

【译文】

百姓不畏惧死亡，为什么用死来吓唬他们呢？如果让百姓一直畏惧死亡，对于作恶的人，我抓住他杀掉，谁再敢作恶？

经常有掌管杀人的杀人。代替掌管杀人的杀人，这就像代替技艺高超的木工砍木头。代替技艺高超的木工砍木头的，很少有不砍伤自己手的。

【解读】

本章阐释反对严酷统治的观点。

老子认为，统治者严酷统治的结果，就是百姓不畏惧死亡。言下之意就是，一旦百姓不畏惧死亡，严酷统治就失效。最终结果是伤害自己，即『伤其手』。如果不施行严酷统治，使百姓畏惧死亡，然后再杀死作恶的，就会使天下太平。

文中提及的『司杀者』，指的是上天掌管死亡的神灵；『代司杀者』，指的是人间统治者。

第七十五章

民之饥，以其上食税①之多，是以饥。

民之难治，以其上之有为②，是以难治。

民之轻死，以其上求生之厚③，是以轻死。

夫唯无以生为④者，是贤⑤于贵生⑥。

【注释】

①上食税：统治者吞吃税赋。上，指统治者。

②有为：指妄为。

③上求生之厚：统治者奉养丰厚。有版本无『上』字。

④无以生为：不把奉养丰厚作为目标，指清净恬淡。一说不用生命作为代价。

⑤贤：胜过。

⑥贵生：厚养生命，指『求生之厚』。

【译文】

百姓饥饿，因为统治者吞吃赋税太多，所以百姓才饥饿。

百姓难于统治，因为统治者妄为，所以百姓难于统治。

百姓轻视死亡，因为统治者厚养生命（而搜刮民脂民膏），所以百姓轻视死亡。

只有不把奉养丰厚作为目标，才能胜过厚养生命的。

【解读】

本章继续阐释反对严酷统治的观点。百姓饥饿、难治、轻死，根源都在于统治者。到了百姓轻死这一步，统治者就会失去统治基础，天下就会动荡不安。所以，老子提出要『无以为生』，即清净恬淡。

第七十六章

人之生也柔弱①，其死也坚强②。草木③之生也柔脆④，其死也枯槁。故坚强者死之徒，柔弱者生之徒。

是以兵强则灭，木强则折⑤。强大处下，柔弱处上。

【注释】

①人之生也柔弱：人活着的时候，身体是柔软的。生，活着。

②坚强：指僵硬。

③草木：有版本在此前有『万物』二字。

④柔脆：柔软易折。

⑤兵强则灭，木强则折：一作『兵强则不胜，木强则兵』。兵强，用兵逞强。折，断，指被砍伐摧折。

【译文】

人活着的时候，身体柔软；死了的时候，身体僵硬。草木活着的时候，柔软易折；死了的时候，干黄枯萎。因此，坚强的属于死亡的一类，柔弱的属于存活的一类。

所以用兵逞强就会遭到灭亡，树木强大就会遭到砍伐摧折。强大的却处于下位，柔弱的却处在上位。

【解读】

本章阐释『柔弱胜刚强』的观点。这在第三十六章、第四十三章有所涉及。老子通过人、草木的生与死的状态对比，得出刚强者死、柔弱者活的结论。再通过兵、木强大就会灭亡的现象，总结出『柔弱胜刚强』的观点。这是老子处弱贵柔思想的具体体现。

第七十七章

天之道，其犹张弓①与？高者抑之，下者举之；有余②者损之，不足者补之。天之道，损有余而补不足。人之道③则不然，损不足以奉有余。孰能有余以奉天下？唯有道者。

是以圣人为而不恃，功成而不处④。其不欲见贤⑤。

【注释】

①张弓：指拉开弓弦射箭。

②有余：指拉弓弦过满。

③人之道：指人类社会的规则。

④为而不恃，功成而不处：一作『为而弗有，成功而弗居』。

⑤其不欲见贤：一作『若此其不欲见贤』。见贤，表现才智。贤，一说多财。

【译文】

自然规律，难道不是像拉开弓弦射箭吗？拉高了就把它压低，拉低了就把它举高；拉得过满就把它放松，拉得不足就再补充。

自然规律，是减少有余的补充不足的。人类社会的规则却不是这样，是用剥夺不足的来供奉给有余的。谁能把有余的奉献给天下呢？只有有道的人才能做到。

所以有道的人抚育万物而不自恃有功，有所成就而不居功。他不愿意表现才智。

【解读】

本章阐释『损有余而补不足』的观点。

老子主张人应该效法自然，即『人之道』应该以『天之道』为榜样，不能『损不足以奉有余』，而应『损有余而补不足』。一般的统治者很难做到这一点，只有有道的人才可以。

第七十八章

天下莫柔弱于水，而攻坚强者①莫之能胜，以其②无以易③之。

弱之胜强，柔之胜刚，天下莫不知，莫能行。

是以圣人云：『受国之垢④，是谓社稷主；受国不祥⑤，是为天下王。』正言若反⑥。

【注释】

①攻坚强者：攻克坚固有力的。

②以其：一作『其』。

③易：替代。

④受国之垢：承担国家的屈辱。垢，屈辱。

⑤受国不祥：承担国家的灾祸。

⑥正言若反：正面的话像反面的话一样。

【译文】

遍天下没有什么比水柔弱，但攻坚克强没有什么能胜过水，也没有什么能替代它。

弱胜过强，柔胜过刚，天下没有人不知道，但没有人能实行。

所以有道的人说：『承担国家的屈辱，才能叫作国家的君主，承担国家的灾祸，才能成为天下的君王。』正面的话像反面的话一样。

【解读】

本章阐释『柔弱胜刚强』『正言若反』的观点。关于前者，第三十六章、第四十三章、第七十六章有所涉及。

老子以水为例，说明柔弱胜过刚强。联系第八章关于水的阐释，可以推知老子所说的水的柔弱并非指软弱无力，而是指包含着持续的强大力量，只是在形式上没有表现出坚强有力。

『正言若反』指对立面互相融合、促成及转化。这在老子中经常出现，例如『大巧若拙』『大方无隅』『大器晚成』『大音希声』等。

第七十九章

和大怨①，必有余怨；报怨以德②，安可以为善③？

是以圣人执左契④，而不责⑤于人。有德司契⑥，无德司彻⑦。

天道无亲⑧，常与善人⑨。

【注释】

①和大怨：调和深重的怨恨。和，调和。

②报怨以德：此句原在第六十三章，通常认为应移至本章。

③为善：妥善解决。

④左契：即左券。券，契约。古时契约为竹制，分左右两片。左片为出借人所持，是索偿的凭证；右片为借用人所持。

⑤责：苛求。此处指索偿。

⑥司契：掌管契约。

⑦司彻：掌管赋税。彻，周朝的田税制度，泛指赋税。《孟子·滕文公上》：『夏后氏五十而贡，殷人七十而助，周人百亩而彻，其实皆什一也。』

⑧无亲：没有偏爱。

⑨善人：指善于顺应天道的人。

【译文】

调和深重的怨恨，必然有残留的怨恨；用德报答怨恨，这怎么能算妥善解决呢？

所以有道的人保存左券，却不向他人索偿。有德的人像掌管契约的人那样宽容，没有德的人像掌管赋税的人那样苛刻。

自然规律没有偏爱，永远眷顾善于顺应自然规律的人。

【解读】

本章阐释不可蓄积怨恨的观点。

不论是『和大怨』，还是『报怨以德』，都会使怨恨蓄积。对于统治者而言，非常危险。所以，统治者应该『执左契，而不责于人』，即应该清净无为，不应该索取。这与第七十七章所阐释的『损有余而补不足』的观点一致。做到了清静无为，就是顺应自然规律，自然会得到眷顾。

第八十章

小国寡民①。使②有什伯人之器③而不用，使民重死④而不远徙⑤。虽有舟舆⑥，无所乘之；虽有甲兵⑦，无所陈⑧之。使民复结绳而用之⑨。

甘其食，美其服，安其居，乐其俗。邻国相望，鸡犬之声相闻，民至老死不相往来。

【注释】

①小国寡民：国家小，百姓稀少。一说使国家变小，使人民稀少。

②使：即使。一说让。

③什伯人之器：十倍、百倍于人工的器具。什，十。伯，百。一作『什伯之器』。

④重死：重视死亡。指不轻易冒生命危险行事。

⑤不远徙：一作『远徙』。

⑥舆：车。

⑦甲兵：铠甲、兵械，指兵器。

⑧陈：陈列。指列阵打仗。

⑨使民复结绳而用之：让百姓回到结绳记事的状态，用结绳记事来治理天下。民，一作『人』。用之，用结绳记事来治理天下。周易·系辞下：『上古结绳而治，后世圣人易之以书契。』

【译文】

国家小，百姓稀少。即使有十倍、百倍于人工的器具，却不使用；让百姓重视死亡，而不向远方迁徙。虽然有船只车辆，却没有机会乘坐；虽然有兵器，却没有地方去陈列。

让百姓回到结绳记事的状态，用结绳记事来治理天下。

让百姓吃得香甜，穿得漂亮，住得安适，过得快乐。国与国之间互相看得见，鸡鸣狗叫的声音互相听得见，百姓到死，不互相往来。

【解读】

本章阐释老子心目中『理想国』的情景。

『小国寡民』，『复结绳而用之』，民风淳朴，结绳而治，完全是一种上古的自然状态。在这样的状态中，百姓安居乐业，统治者不用严苛的手段治理国家；没有战争，没有争斗，没有欺诈。从逻辑上看，老子构造出这样的『理想国』是提倡顺应自然的必然结果。

第八十一章

信言不美①，美言不信。善者不辩②，辩者不善。知者不博③，博者不知。圣人不积④，既以为人⑤，己愈有⑥；既以与人，己愈多⑦。天之道，利而不害。人之道⑧，为而不争。

【注释】

①信言不美：真实的话不美妙。美，美妙。

②善者不辩：行为善良的人不狡辩。辩，狡辩。

③知者不博：有真知的人不卖弄。博，广博，指卖弄。

④积：积藏。

⑤既以为人：把一切用来帮助别人。既，尽。为，帮助。

⑥有：富有。

⑦多：丰富。

⑧人之道：人世间行事的规律。与第七十七章所谓『人之道』意思不同。一作『圣人之道』。

【译文】

真实的话不美妙，美妙的话不真实。行为善良的人不狡辩，狡辩的人行为不善良。有真知的人不卖弄，卖弄的人没有真知。

有道的人不积藏，把一切用来帮助别人，自己更加富有；把一切用来给予别人，自己更加丰富。自然规律，利于万物而不伤害。人世间行事的规律，做什么都不争夺。

【解读】

本章是道德经的结束语，阐释人生的道理与行事的准则。

信与美、善与辩、知与博，实际是真假、美丑、善恶。选择信、善、知，抛弃假、丑、恶，是行为的标准，也是人生的道理。

『不积』，就是放弃私欲。对于人来说，只有放弃私欲，才能让自己富有、丰富。『为而不争』是做事不争夺私利、不满足私欲，与『不积』相呼应。这样才符合自然规律，与『天之道』一致。

道德经

线装国学馆

附录

河上公注道德经

序

老子体自然而然，生乎太无之先，起乎无因，经历天地终始，不可称载。终乎无终，穷乎无穷，极乎无极，故无极也。与大道而伦化，为天地而立根，布气于十方，抱道德之至淳，浩浩荡荡，不可名也。焕乎其有文章，巍巍乎其有成功，渊乎其不可量，堂堂乎为神明之宗。三光恃以朗照，天地禀以得生，乾坤运以吐精，高而无民，贵而无位，覆载无穷，阐教八方，诸天普弘。

大道开辟以前，复下为国师，代代不休，人莫能知之。匠成万物，不言我为，玄之德也。故众圣所共尊。

道尊德贵，莫之命而常自然，唯老氏乎！周时复托神李母，剖左腋而生，生即皓然，号曰老子。老子之号，因玄而出，在天地之先，无衰老之期，故曰老子。

世人谓老子当始于周代。老子之号，始于无数之劫，其窈窈冥冥，眇邈久远矣。

世衰，大道不行，西游天下。关令尹喜曰：『大道将隐乎？愿为我著书。』于是作道德二篇五千文，上下经焉。

夫五千文，宣道德之源，大无不包，细无不入，天人之自然经也。

余先师有言：精进研之，则声参太极；高上遥唱，诸天欢乐，则携契玄人；静思期真，则众妙感会；内观形影，则神气长存；体洽道德，则万神震伏。祸灭九阴，福生十方，安国宁家，孰能知乎？无为之文，夸之不辱，饰之不荣，挠之不浊，澄之不清，自然也。应道而见，传告无穷，常者也。故知常曰明。

大道何为哉？弘之由人。所以尊妙，可不极精乎！

粗述一篇，唯有道者宝之。

太极左仙公葛玄撰

体道第一

道可道，

谓经术政教之道也。

非常道；

非自然长生之道也。常道，当以无为养神、无事安民、含光藏晖。灭迹匿端不可称道。

名可名，

谓富贵尊荣，高世之名也。

非常名。

非自然常在之名也。常名，爱如婴儿之未言，鸡子之未分。明珠在蚌中，美玉处石间，内虽昭昭，外如愚顽。

无，名天地之始；

无名者谓道。道无形，故不可名也。始者，道本也。吐气布化，出于虚无，为天地本始也。

有，名万物之母。

有名谓天地。天地有形位，阴阳有柔刚，是其有名也。万物母者，天地含气生万物，长大成熟如母之养子。

故常无，欲以观其妙；

妙，要也。人常能无欲，则可以观道之要。要，谓一也。

常有，欲以观其徼。

徼，归也。常有欲之人，可以观世俗之所归趣也。

此两者，同出而异名，

两者，谓有欲无欲也。同出者，同出人心也。而异名者，所名各异也。名无欲者长存，名有欲者亡身也。

同谓之玄。

玄，天也。言有欲之人与无欲之人同受气于天。

玄之又玄，

天中复有天也。禀气有厚薄，得中和滋液则生贤圣，得错乱污辱则生贪淫也。

众妙之门。

能知天中复有天，禀气有厚薄，除情去欲，守中和，是谓知道要之门户也。

养身第二

天下皆知美之为美，
自扬己美，使显彰也。
斯恶已；
有危亡也。
皆知善之为善，
有功名也。
斯不善已。
人所争也。
故有无相生，
见有而为无也。
难易相成，
见难而为易也。
长短相形，
见短而为长也。
高下相倾，
见高而为下也。
音声相和，
上唱，下必和也。
前后相随。
上行，下必随也。
是以圣人处无为之事，
以道治也。
行不言之教；
以身师导之也。
万物作焉，
各自动也。
而不辞，
不辞谢而逆止。
生而不有，
元气生万物而不有。

为而不恃，
道所施为，不恃望其报也。
功成而弗居。
功成事就，退避不居其位。
夫唯弗居，
夫唯功成不居其位。
是以不去。
福德常在，不去其身也。此言不行不可随，不言不可知。即上六句有高下长短。若开一源，下生百端；百端之变，无不动乱。

安民第三

不尚贤，贤，谓世俗之贤，辩口明文、离道行权、去质为文也。不尚者，不贵之以禄，不贵之以官。

使民不争；不争功名，返自然也。

不贵难得之货，言人君不御好珍宝。黄金弃于山，珠玉捐于渊。

使民不为盗；上化清净，下无贪人。

不见可欲，放郑声，远美人。

使心不乱。不邪淫，不惑乱也。

是以圣人治，说圣人治国与治身同也。

虚其心，除嗜欲，去乱烦。

实其腹，怀道抱一，守五神也。

弱其志，和柔谦让，不处权也。

强其骨。爱精重施，髓满骨坚。

常使民无知无欲。反朴守淳。

使夫知者不敢为也。思虑深不轻言。

为无为，不造作，动因循。

则无不治。德化厚百姓安。

无源第四

道冲而用之，

冲，中也。道匿名藏誉，其用在中。

或不盈。

或，常也。道常谦虚不盈满。

渊乎，似万物之宗。

道渊深不可知也。似为万物之宗祖。

挫其锐，

锐，进也。人欲锐精进取功名，当挫止之。法道不同也。

解其纷，

纷结，根也。当念道无为以解释。

和其光，

言虽有独见之明，当知暗昧，不当以擢乱人也。

同其尘。

常与众庶同垢尘，不当自别殊。

湛兮，似若存。

言当湛然安静，故能长存不忘。

吾不知谁之子，

老子言，我不知道所从生。

象帝之先。

道自在天帝之前。此言道乃先天地生也。至今在者，以能安静湛然不劳烦，欲使人修身法道。

虚用第五

天地不仁，

天施地化，不以仁恩任自然也。

以万物为刍狗；

天地生万物，人最为贵。天地视之如刍草狗畜，不责望其报也。

圣人不仁，

圣人爱养万民，不以仁恩。法天地，行自然。

以百姓为刍狗。

圣人视百姓如刍草狗畜，不责望其礼意。

天地之间，

天地之间，空虚和气流行，故万物自生。人能除情欲、节滋味、清五藏，则神明居之也。

其犹橐籥乎？

橐籥，中空虚，又能有声气。

虚而不屈，动而愈出。

言空虚无有屈竭时。动摇之益，出声气也。

多言数穷，

多事害神，多言害身。口开舌举，必有祸患。

不如守中。

不如守德于中，育养精神，爱气希言。

成象第六

谷神不死，

谷，养也。人能养神，则不死也。神，谓五藏之神也。肝藏魂，肺藏魄，心藏神，肾藏精，脾藏志。五藏尽伤，则五神去矣。

是谓玄牝。

言不死之有，在于玄牝。玄，天也，于人为鼻。牝，地也，于人为口。天食人，以五气从鼻入，藏于心，五气清微，为精神聪明，音声五性。其鬼曰：『兆魂者，雄也，主出。』入人鼻与天通，故鼻为玄也。地食人，以五味从口入，藏于胃，五性浊厚，为形骸骨肉，血脉六情。其鬼曰：『魂魄者，雌也，主出。』入于口与天地通，故曰牝也。

玄牝之门，是谓天地根。

根，元也。言鼻口之门，是乃通天地之元气所从往来。

绵绵若存，

鼻口呼噏喘息，当绵绵微妙。若可存，复若无有。

用之不勤。

用气常宽舒，不当急疾勤劳也。

韬光第七

天长地久。

说天地长生久寿，以喻教人也。

天地所以能长且久者，以其不自生，

天地所以独长且久者，以其安静施不责报。不如人居处，汲汲求自饶之私，夺人以自与。

故能长生。

以其不求生，故能长生不终也。

是以圣人后其身，

先人而后己者也。

而身先；

天下敬之先，以为长。

外其身，

薄己而厚人也。

而身存。

百姓爱之如父母，神明祐之。若赤子，故身常存。

非以其无私邪？

圣人为人所爱，神明所祐，非以其公正无私所致乎？

故能成其私。

人以为私者，欲以厚己也。圣人无私，而己自厚，故能成其私也。

易性第八

上善若水。

上善之人，如水之性。

水善利万物

水在天为雾露，在地为泉源也。

而不争，处众人之所恶，

众人恶卑湿垢浊，水独静流居之也。恶，去声。

故几于道。

水性几与道同。

居善地，

水性善喜，于地草木之上即流而下，有似于牝动而下人也。

心善渊，

水深空虚，渊深清明。

与善仁，

万物得水以生，与虚不与盈也。

言善信，

水内影照形，不失其情也。

正善治，

无有不洗，清且平也。

事善能，

能方能圆，曲直随形。

动善时。

夏散冬凝，应期而动，不失天时。

夫唯不争，

壅之则止，决之则流。听从人也。

故无尤。

水性如是，故天下无有怨尤水者也。

运夷第九

持而盈之，不如其已。

盈，满也。已，止也。持满必倾，不如止也。

揣而锐之，不可长保。

揣，治也。先揣之，后必弃捐。

金玉满堂，莫之能守。

嗜欲伤神，财多累身。

富贵而骄，自遗其咎。

夫富当赈贫，贵当怜贱，而反骄恣，必被祸患也。

功成名遂身退，天之道。

言人所为功成事立名迹称遂，不退身避位，则遇于害。此乃天之常道也。譬如日中则移，月满则亏，物盛则衰，乐极则哀。

道德经

能为第十

载营魄，

营魄，魂魄也。人载魂魄之上，得以生，当爱养之。喜怒亡魂，卒惊伤魄。魂在肝，魄在肺，美酒甘肴腐人肝肺，故魂静志道不乱。魄安得寿延年也。

抱一，能无离。

言人能抱一，使不离于身，则长存。一者，道始所生，太和之精气也。故曰一布名于天下。天得一以清，地得一以宁，侯王得一以为正平。入为心，出为行，布施为德，总名为一。一之为言，志一无二也。

专气致柔，

专守精气使不乱，则形体能应之而柔顺。

能婴儿。

能如婴儿，内无思虑，外无政事，则精神不去也。

涤除玄览，

当洗其心，使洁净也。心居玄冥之处，览知万事，故谓之玄览也。

能无疵；

不淫邪也。净能无疵乎？

爱民治国，

治身者爱气，则身全。治国者爱民，则国安。

能无知。

治身者呼吸精气，无令耳闻也。治国者布施惠德，无令下知也。

天门开阖，

天门，谓北极紫微宫。开阖，谓终始五际也。治身天门，谓鼻孔。开，谓喘息。阖，谓呼吸也。

能无雌。

治身当如雌牝，安静柔弱。治国应变，和而不唱。

明白四达，

言达，明白，如日月四通，满于天下八极之外，故曰视之不见，听之不闻，彰布之于十方焕。焕，煌煌也。

能无知。

无有能知道满于天下者。

生之畜之。

道生万物而畜养之。

生而不有，

道生万物无所取有。

为而不恃，

道所施为，不恃望其报也。

长而不宰，

道长养万物，不宰割，以为器用。

是谓玄德。

言道行德，玄冥不可得见，欲德人如道也。

无用第十一

三十辐共一毂，

古者车三十辐，法月数也。共一毂者，毂中有孔，故众辐共凑之。治身者当除情去欲，使五藏空虚，神乃归之也。治国者寡能总众，弱能使强。

当其无，有车之用。

无，谓空虚。毂中空虚，车得去行。舆中空虚，人能载其上也。当，去声。

埏埴以为器，

埏，和也。埴，土也。和土以为饮食之器。

当其无，有器之用。

器中空虚，故得有所盛受。

凿户牖以为室，

谓作屋室。

当其无，有室之用。

言户牖空虚，人得以出入。观视室中空虚，人得以居处。是其用。

故有之以为利，

利，物也，利于形用。器中有物，室中有人，恐其屋破坏。腹中有神，畏形之消亡也。

无之以为用。

言虚空者，乃可用盛受万物。故曰虚无能制有形。道者，空也。

检欲第十二

五色令人目盲，

贪淫好色，则伤精失明也。

五音令人耳聋，

好听五音，则和气去心，不能听无声之声。

五味令人口爽，

爽，亡也。人嗜五味于口，则口亡言，失于道味也。

驰骋田猎令人心发狂，

人精神好，安静。驰骋呼吸，精神散亡，故发狂也。

难得之货令人行妨。

妨，伤也。难得之货，谓金银珠玉。心贪意欲，不知厌足，则行伤身辱也。

是以圣人为腹，

守五性，去六情，节志气，养神明。

不为目，

目不妄视。妄视，泄精于外。

故去彼取此。

去彼目之。妄视，取此腹之养性。

猒耻第十三

宠辱若惊，

身宠亦惊，身辱亦惊。

贵大患若身。

贵，畏也，若至也。畏，大患至身，故皆惊。

何谓宠辱？

问何为宠、何为辱？宠者尊荣，辱者耻辱。及身还，自问者以晓人也。

辱为下，

辱为下贱。

得之若惊，

得宠荣惊者，处高位，如临深危也。贵不敢骄，富不敢奢。

失之若惊，

失者，失宠处辱也。惊者，恐祸重来也。

是谓宠辱若惊。

解上得之若惊，失之若惊。

何谓贵大患若身？

复还自问：何故畏人若身？

吾所以有大患者，为吾有身，

吾所以有大患者，为吾有身。有身，忧其勤劳，念其饥寒，触情从欲，则遇祸患也。

及吾无身，吾有何患？

使吾无有身，体得道自然，轻举升云，出入无间，与道通神，当有何患？

故贵以身为天下者，则可寄于天下。

言人君贵其身，而贱人欲为天下主者，则可寄立，不可以久也。

爱以身为天下者，乃可以托于天下。

言人君能爱其身，非为己也。乃欲为万民之父母，以此得为天下主者，乃可以托其身于万民之上者，无咎也。

赞玄第十四

视之不见，名曰夷；

无色曰夷。言一无采色，不可得视而见之。

听之不闻，名曰希；

无声曰希。言一无音声，不可得听而闻之。

博之不得，名曰微。

无形曰微。言一无形体，不可搏持而得之。

此三者不可致诘，

三者谓夷、希、微也。不可致诘者，谓无色、无声、无形。口不能言，书不能传，当受之以静，求之以神，不可诘问而得之也。

故混而为一。

混，合也。故合于三，名之而为一。

其上不皦，

言一在天上不皦。皦，光明。

其下不昧。

言一在天下不昧。昧，有所暗冥。

绳绳不可名，

绳绳者，动行无穷极也。不可名者，非一色也，不可以青、黄、赤、白、黑别；非一声也，不可以宫、商、角、徵、羽听；非一形也，不可以长、短、大、小度之也。

复归于无物。

物，质也。复当归之于无质。复音服。

是谓无状之状，

言一无形状，而能为万物作形状也。

无物之象。

一无物质，而为万物设形象也。

是为忽恍。

一忽忽恍恍者，若存若亡，不可见之也。

迎之不见其首，

一无端末，不可预待也。除情去欲，一自归之也。

随之不见其后。

言一无形迹，不可得而看。

执古之道，以御今之有。

圣人执守古道，生一以御物，知今当有一也。

以知古始，是谓道纪。

人能知上古本始有一，是谓知道纲纪也。

显德第十五

古之善为士者，

谓得道之君也。

微妙玄通，

玄，天也，言其志节玄妙，精与天通也。

深不可识。

道德深远，不可识知。内视若盲，反听若聋，莫知所长。

夫唯不可识，故强为之容。

谓下句也。

与兮若冬涉川，

举事辄加重，慎与。与兮若冬涉川，心犹难之也。

犹兮若畏四邻，

其进退犹犹，如拘制。若人犯法，畏四邻知之也。

俨兮其若客，

如客畏主人，俨然无所造作也。

涣兮若冰之将释，

涣者，解散。释者，消亡。除情去，欲日以空虚。

敦兮其若朴，

敦者，质厚。朴者，形未分。内守精神，外无文采也。

旷兮其若谷，

旷者，宽大。谷者，空虚。有德功，名无所不包也。

浑兮其若浊。

浑者，守举真。浊者，不照然也。与众合同，不自专。

孰能浊以静之徐清？

孰，谁也。谁能知水之浊止而净之？徐徐自清也。

孰能安以久动之徐生？

谁能安静以久，徐徐以长生也？

保此道者，不欲盈。

保此徐生之道，不欲奢泰盈溢。

夫唯不盈，故能蔽不新成。

夫唯不盈满之，人能守蔽不为新成。蔽者，匿光荣也。新成者，贵功名。

归根第十六

至虚极，

得道之人，捐情去欲，五内清净，至于虚极。

守静笃。

守清净，行笃厚。

万物并作物，

作，生也。万物并生也。

吾以观其复。

言吾以观见万物，无不皆归其本也。人当念重本也。

夫物芸芸，

芸芸者，华叶盛。

各复归其根。

言万物无不枯落，各复反其根而更生也。

归根曰静，

静，谓根也。根，安静柔弱，谦卑处下，故不复死也。

是谓复命。

言安静者，是为复还性命，使不死也。

复命曰常，

复命使不死，乃道之所常行也。

知常曰明。

能知道之所常行，则为明。

不知常，萎作凶。

不知道之所常行，妄作巧诈，则失神明，故凶也。

知常容，

能知道之所常行，去情忘欲，无所不包容也。

容乃公，

无所不包容，则公正无私，众邪莫当。

公乃王，

公正无私，可以为天下王。治身正，则形一。神明千万，共凑己躬也。

王乃天，

能正，德合神明，乃与天子。

天乃道，

德与天通，则与道合同也。

道乃久，

与道合同，乃能长久。

没身不殆。

能公，能天，通天，合道，四者纯备道德弘远，无殃无咎，乃与天地俱没，不危殆也。

淳风第十七

太上，下知有之。

太上，谓太古无名之君也。下知有之者，下知上有君，而不臣事质朴也。

其次，亲之誉之。

其德可见，恩惠可称，故亲爱而誉之。

其次，畏之。

设刑法以治之。

其次，侮之。

禁多令烦，不可归诚，故欺侮之。

信不足焉，有不信。

君信不足于下，下则应之以不信，而欺其君也。

犹兮其贵言。

说太上之君，举事犹贵重于言，恐离道失自然。

功成事遂，

谓天下太平也。

百姓皆谓：我自然。

百姓不知君上之德淳厚，反以为只自当然也。

俗薄第十八

大道废，有仁义；

大道之时，家有孝子，户有忠信。仁义不见也，大道废不用，恶逆生，乃有仁义可传道。

智惠出，有大伪；

智惠之君，贱德而贵言，贱质而贵文，下则应之以为大伪奸诈。

六亲不和，有孝慈；

六亲绝，亲戚不和，乃有孝慈相牧养也。

国家昏乱，有忠臣。

政令不行，上下相怨，邪僻争权，乃有忠臣，国正其君也。此言天下太平，不知仁义，尽无欲；不知廉，各洁己；不知贞，大道之君，仁义没，孝慈灭，犹日中盛时众星失光。

还淳第十九

绝圣

绝圣制作，反初守元，五帝垂象，苍颉作书，不如三皇结绳无文。

弃智，

弃智，惠反无为。

民利百倍；

农事修公无私。

绝仁弃义，

绝仁之见恩惠，弃义之尚华信。

民复孝慈；

德化淳也。

绝巧弃利，

绝巧者，诈伪乱真也。弃利者，塞贪路闭权门也。

盗贼无有。

上化公政，下无邪私。

此三者，

谓上三事所弃绝也。

以为文，不足。

以为文不足者，文不足以教民。

故令有所属：

当如下句。令，平声。

见素抱朴，

见素者，当抱素守真，不尚文饰也。抱朴者，当见其笃朴以示下。故可法则。

少私寡欲。

少私者，正无私也。寡欲者，当知足也。

异俗第二十

绝学，

绝学不真，不合道文。

无忧。

除浮华，则无忧患也。

唯之与阿，相去几何？

同为应对，而相去几？时疾时贱，质而贵文。

善之与恶，相去何若？

善者和誉，恶者谏争，能相去何如？疾时恶忠直，用邪佞也。

人之所畏，不可不畏。

人，谓道人也。人所畏者，畏不绝学之君也。不可不畏，近令色杀仁贤。

荒兮，其未央哉！

或言世俗人荒乱，欲进学为文，未央止也。

众人熙熙，

熙熙，淫放多情欲也。

如享太牢，

如饥思太牢之具，意无足时也。

如春登台。

春，阴阳交通，万物感动。登台观之，意志淫淫然。

我独怕兮，其未兆，

我独怕然安静，未有情欲之形兆也。

如婴儿之未孩。

如小儿未能答偶人时也。

乘乘兮，若无所归。

我乘乘，如穷鄙，无所归就。

众人皆有余，

众人余财以为奢，余智以为诈。

而我独若遗。

我独如遗弃，似于不足也。

我愚人之心也哉！

不与俗人相随，守一不移，如愚人之心也。

沌沌兮！

无所分别。

俗人昭昭，

明且达也。

我独若昏；

如暗昧也。

俗人察察，

察察，急且疾也。

我独闷闷。

闷闷，无所割截。

忽兮若海，

我独忽忽，如江海之流，莫知其所穷极也。

漂兮若无所止。

我独漂漂，若飞若扬，无所止也，志意在神域也。

众人皆有以，

以，有为也。

道德经
异俗第二十

而我独顽

我独无为。

似鄙。

鄙似，若不逮也。

我独异于人，

我独与人异也。

而贵食母。

食，用也。母，道也。我独贵用道也。

道德经

虚心第二十一

孔德之容，

孔，大也。有大德之人，无所不容，能受垢浊，处谦卑也。

唯道是从。

唯，独也。大德之人，不随世俗所行，独从于道也。

道之为物，唯恍唯惚。

道之于万物，独恍惚往来，于其无所定也。

惚兮恍兮，其中有像；

道唯惚恍，无形之中独为万物法像。

恍兮惚兮，其中有物。

道唯恍惚，其中有一，经营主化，因气立质。

窈兮冥兮，其中有精；

道唯窈冥无形，其中有精实，神明相薄，阴阳交会也。

其精甚真，

言存精气，其妙甚真，非有饰也。

其中有信。

道匿功藏，名其信在中也。

自古及今，其名不去，

自，从也。自古至今，道常在不去。

以阅众甫。

阅，禀也。甫，始也。言道禀与万物始生，从道受气。

吾何以知众甫之然哉？

我何以知从道受气？

以此。

此，今也。以今万物皆得道精气而生。动作起居，非道不然。

益谦第二十二

曲则全，

曲己从众不自专，则全其身也。

枉则直，

枉屈己而申人，久久自得直也。

洼则盈，

地洼下，水流之。人谦下，德归之也。

弊则新，

自受弊薄，后己先人，天下敬之，久久自新也。

少则得，

自受取少，则得多也。天道祐谦，神明托虚。

多则惑。

财多者，惑于所守。学多者，惑于所闻。

是以圣人抱一，为天下式。

抱，守法式也。圣人守一，乃知万事，故能为天下法式也。

不自见，故明；

圣人不以其目视千里之外也，乃因天下之目以视，故能明达也。

不自是，故彰；

圣人不自以为是而非人，故能彰显于世。

不自伐，故有功；

伐，取也。圣人德化流行，不自取其美，故有功于天下。

不自矜，故长。

矜，大也。圣人不自贵大，故能久不危。

夫唯不争，故天下莫能与之争。

此言天下贤与不肖、无能与不争者争也。

古之所谓曲则全者，岂虚言哉！

传古言『曲从则全身』，正言，非虚妄也。

诚全而归之。

诚，实也。能行曲从者，实其肌体归之于父母，无有伤害也。

虚无第二十三

希言自然。

希言者，是爱言也。爱言者，自然之道。

飘风不终朝，骤雨不终日。

飘风，疾风也。骤雨，暴雨也。言疾不能长，暴不能久也。

孰为此者？天地。

孰，谁也。谁为此飘风暴雨者乎？天地所为。

天地尚不能久，

不终于朝暮也。

而况于人乎？

天地至神，合为飘风暴雨，尚不能使终朝至暮，何况人欲为暴卒乎？

故从事于道者，

从，为也。人为事当如道安静，不当如飘风骤雨。

道者，同于道；

道者，谓好道人也。同于道者，所谓与道同。

德者，同于德；

德，谓好德人也。同于德者，所谓与德同也。

失者，同于失。

失，谓任己失人也。同于失者，所谓与失同也。

同于道者，道亦乐得之；

与道同者，道亦乐得之也。

与德同者，德亦乐得之也。

与德同者，德亦乐得之也。

同于失者，失亦乐失之。

与失同者，失亦乐失之也。

信不足焉，

君信不足于下，下则应君以不足也。

有不信焉。

此言物类相归，同声相应。云从龙，风从虎，水流湿，火就燥，自然之类也。

若恩第二十四

跂者不立，

跂，进也，谓贪权慕名、进取功荣也。则不可久立身行道也。

跨者不行，

以为贵而跨于人，众共蔽之，使不得行。

自见者不明，

人自见其形容以为好，自见所行以为应道，殊不自知其形丑操行之鄙。

自是者不彰，

自以为是而非人，众共蔽之使不得彰明。

自伐者无功，

所谓辄自伐取其功美，即失有功于人也。

自矜者不长。

好自矜大者，不可以长久。

其于道也，曰余食赘行。

赘，贪也。使此自矜伐之人，在治国之道曰然，敛余禄食为赘行。

物或恶之，

此人在位，动欲伤害，故物无有不畏恶也。

故有道者不处也。

言有道之人，不居其国也。

象元第二十五

有物混成，先天地生。

谓道无形混沌，而成万物，乃在天地之前。

先，去声。

寂兮寥兮，独立而不改，

寂者，无音声。寥者，空无形。独立者，无匹双。不改者，化有常。

周行而不殆，

道通行天地，无所不入，在阳不焦，托阴不腐，无不贯穿、不危殆。

可以为天下母。

道育养万物精气，如母之养子。

吾不知其名，字之曰道，

我不见道形容，不知当何以名之。见万物皆从道所生，故字之曰道也。

强为之名曰大。

不知其名、强曰大者，高而无上，罗而无外，无不包容，故曰大也。强，上声。

大曰逝，

其为大，非若天常在上，非若地常在下，乃复逝去，无常处所也。

逝曰远，

言远者，穷乎无穷，布气天地，无所不通也。

远曰反。

言其远不越绝，乃复在人身也。

故道大，天大，地大，王亦大。

道大者，包罗诸天地，无所不容也。天大者，无所不盖也。地大者，无所不载也。王大者，无所不制也。

域中有四大，

四大，道、天、地、王也。凡有称有名，则非其极也。言道则有所由。有所由，然后谓之为道。然则是道称中之大也，不若无称之大也。无称，不可得而名，曰域也。天、地、王，皆在乎无称之内也。故曰域中有四大者也。

而王居其一焉。

八极之功有四大，王居其一也。居，一作处。

人法地，

人当法地，安静柔和也，种之得五谷，掘之得甘泉，劳而不怨也，有功而不制也。

地法天，

天湛泊不动，施而不求报，生长万物无所收取。

天法道，

道清净不言，阴行精气，万物自成也。

道法自然。

道性自然，无所法也。

重德第二十六

重为经根，

人君不重则不尊，治身不重则失神。草木之华，轻故零落，根重故长存也。轻，去声。

静为躁君。

人君不静则失威，治身不静则身危。龙静故能变化，虎躁故夭亏也。躁，音灶。

是以圣人终日行不离辎重。

辎，静也。圣人终日行道，不离其静与重也。离，音利。辎，音缁。重，去声。

虽有荣观，燕处超然。

荣观，谓宫观。燕处，后妃所居也。超然，远避而不处也。观，去声。

奈何万乘之主，

奈何者，疾时主伤痛之辞。万乘之主，谓王。乘，去声。

而以身轻天下？

王者至尊，而以其身行轻躁乎？疾时，王奢恣轻淫也。

轻则失臣，

王者轻淫，则失其臣。治身轻淫，则失其精。

躁则失君。

王者行躁疾，则失其君位。治身躁疾，则失其精神也。

巧用第二十七

善行无辙迹，

善行道者，求之于身。不下堂，不出门，故无辙迹。行，去声。

善言无瑕谪，

善言，谓择言而出，则无瑕疵谪过于天下。瑕，音遐。谪，直革反。

善计不用筹策，

善以道计事者，则守一不移。所计不多，则不用筹策而可知也。筹，音俦。

善闭无关揵而不可开，

善以道闭情欲守精神者，不如门户有关揵可得开。揵，音键。

善结无绳约而不可解。

善以道结事者，乃可结其心，不如绳索可得解也。

是以圣人常善救人，

圣人所以常教人忠孝者，欲以救人性命。

故无弃人；

使贵贱各得其所也。

常善救物，

圣人所以教民顺四时，以救万物之残伤。

故无弃物。

圣人不贱石而贵玉，视之如一。

是谓袭明。

圣人善救人物，谓袭明大道也。

故善人者，不善人之师；

人之行善者，圣人即以为人师。

不善人者，善人之资。

资，用也。人行不善，圣人犹教导使为善，得以给用也。

不贵其师，

独无辅也。

不爱其资，

无所使也。

虽智大迷，

虽自以为智，言此人乃大迷惑。

是谓要妙。

能通此意，是谓知微妙要道也。

线装国学馆

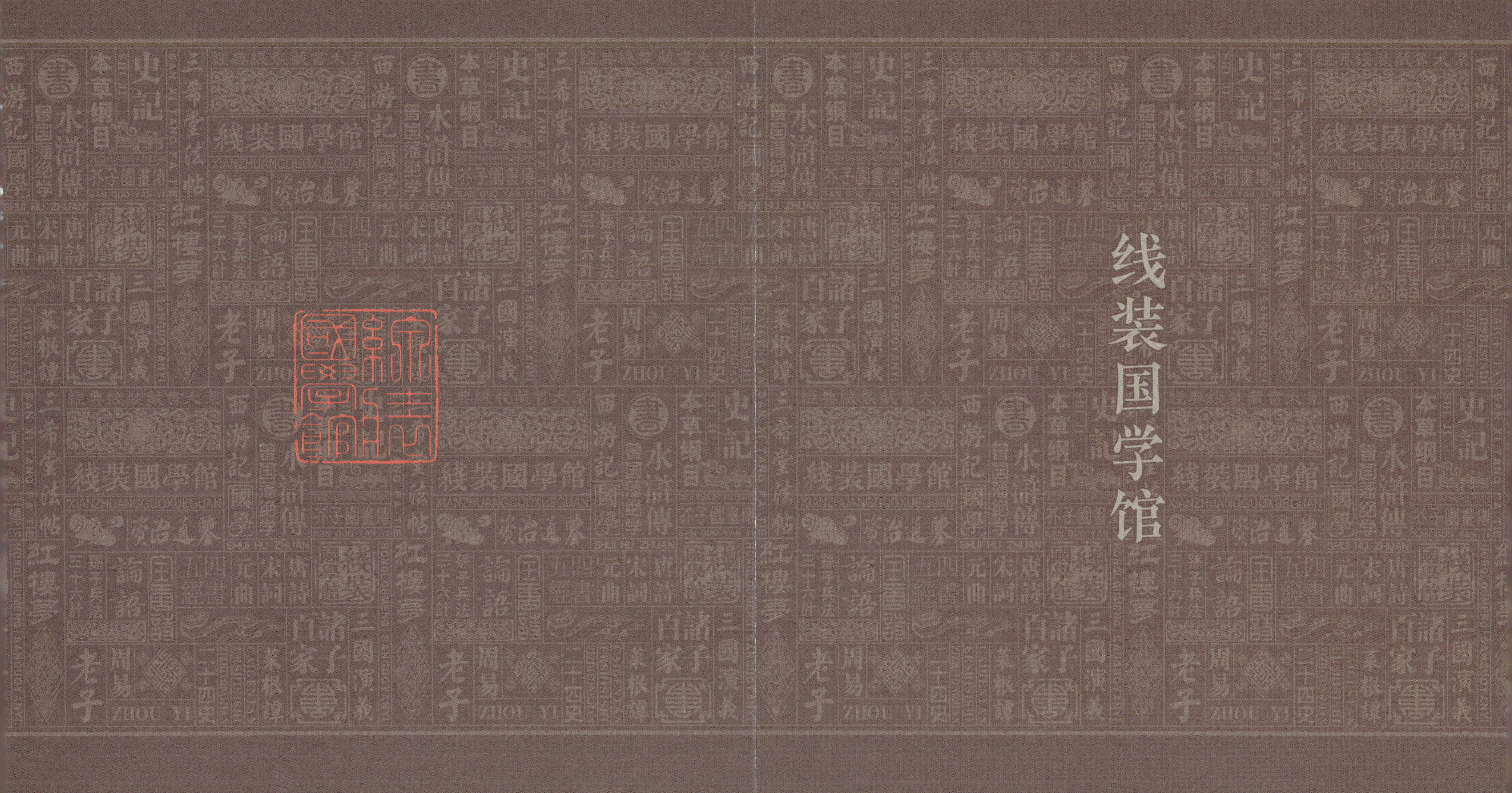